스스로

급수
한자

한자어 쓰고 어휘력 잡고
8급 · 따라쓰기

스쿨존에듀
SCHOOLZONE

스스로 급수한자 따라쓰기 8급

ISBN 979-11-978668-8-3 63700

초판 1쇄 펴낸날 2022년 11월 10일 ‖ 초판 2쇄 펴낸날 2024년 4월 5일

펴낸이 정혜옥 ‖ 기획 컨텐츠연구소 수
표지디자인 twoesdesign.com ‖ 내지디자인 이지숙
마케팅 최문섭 ‖ 편집 연유나, 이은정

펴낸곳 스쿨존에듀
출판등록 2021년 3월 4일 제 2021-000013호
주소 04779 서울시 성동구 뚝섬로 1나길 5(헤이그라운드) 7층
전화 02)929-8153 ‖ 팩스 02)929~8164
E-mail goodinfobooks@naver.com

이렇게 활용해요

1. 큰 소리로 읽으며 써 보아요

묵묵히 쓰기보다는 소리 내어 읽는 것이 기억하는 데 훨씬 도움이 됩니다.

2. 쓰기 획수를 먼저 살펴보고 따라 써요

어떻게 쓰는지 쓰기 순서를 잘 보고 따라 써 보세요. 쓰는 순서가 다르면 제대로 쓴다고 할 수 없어요.

3. 하루 한 페이지 혹은 두 페이지, 목표를 정하고 완벽히 소화해요

하루 한 페이지씩 무작정 따라 쓰다 보면 8급 한자 50자가 스르륵 내 품 안에!

4. 한자의 관계를 생각하며 익혀요

8급 한자 50자를 주제별로 묶어 놓았어요. 알고리즘식 구성이라 차례대로 공부하면 기억하기에도 좋아요.

5. 쓰기 한자 밑의 단어를 활용해요

쓰기 한자 밑의 단어는 하나의 한자를 익히는 데 도움이 될 거예요. 써 보지 못한 한자가 나와서 어렵다면 일단 읽기만 하고 한 권을 다 끝낼 즈음 다시 단어들만 써 보는 방법도 있답니다.

한자의 구성

한자는 한 글자마다 모양(형), 소리(음), 뜻(의, 훈)을 갖추고 있어요.

人 (형)　　　인 (음)　　　사람 (훈)

부수가 뭐예요?

뜻으로 나누어진 한자 무리에서 뜻을 대표하는 글자를 부수라고 해요. 한자의 뜻은 부수와 관련이 있어서 이를 알면 한자를 쉽게 이해할 수 있답니다. 일반적으로 214개의 부수로 나누어 사용하고 있는데, 그 위치마다 여러 가지 이름으로 불려요.

❶ **변** : 글자의 왼쪽에 있는 부수

　　　木 나무 목 변 : 校, 林

❷ **방** : 글자의 오른쪽에 있는 부수

　　　阝 (邑) 우부방(고을 읍 방) : 郡

❸ **머리** : 글자의 위에 있는 부수

　　　宀 갓머리(집 면) : 室, 安

❹ **발** : 글자의 아래에 있는 부수

　　　儿 어진사람 인 발(사람 인) : 先, 兄, 光

❺ **엄** : 글자의 위와 왼쪽을 싸고 있는 부수

　　　广 엄호(집 엄) : 度, 序

4

6 **책받침** : 글자의 왼쪽과 밑을 싸고 있는 부수

辶 갖은책받침(쉬엄쉬엄 갈 착) : 道, 過

7 **몸** : 글자를 에워싸고 있는 부수

口 에운담(큰 입 구) : 國, 圖

8 **제부수** : 한 글자가 그대로 부수인 것

立, 車

한자는 이런 순서로 써요

그림처럼 보이는 한자, 어떻게 써야 할지 막막하죠? 한자를 쓰는 데도 규칙이 있어요. 이를 필순이라고 해요. 한자를 쓰는 기본적인 순서는 다음과 같아요.

1 위 먼저 쓰고 아래는 나중에 써요

예) 一 二 三 석 삼

2 왼쪽에서 오른쪽으로 써요

예) 丿 刂 川 내 천

3 세로획을 먼저 써요

예) 丿 刀 月 月 달 월

4 가운데 획을 먼저, 삐침을 나중에 써요

예) 亅 小 小 작을 소

5 둘러싼 밖을 먼저, 안을 나중에 써요

예) 丨 冂 冂 四 四   넷 사

6 꿰뚫는 획은 나중에 써요

예) 丶 冂 口 中   가운데 중

예) 乙 夕 夕 母 母   어머니 모

7 좌우에 삐침이 있을 땐 왼쪽 삐침을 먼저 써요

예) 丿 丷 ⺈ 父   아버지 부

8 책받침은 맨 나중에 써요

예) 丶 丷 ⺍ 丷 丷 丷 首 首 首 首 道 道 道   길 도

9 가로획과 세로획이 교차할 땐 가로획을 먼저 써요

예) 一 十   열 십

10 오른쪽 위의 점은 마지막에 써요

예) 一 ナ 大 犬   개 견

11 위쪽에 있는 점을 먼저 써요

예) 丿 ⺀ 白 白 白   흰 백

12 바깥쪽에 있는 점을 먼저 써요

예) 丶 丷 少 火   불 화

6

차례

🖊 숫자와 관련된 한자를 따라 써 보세요.

一

한 일

*부수 一

총 1획 一

一					
한 일					

一	學	年			
한 일	배울 학	해 년			

⭐ 학교의 첫째 학년

同	一				
한가지 동	한 일				

⭐ 어떤 것과 비교하여 똑같음

✎ 숫자와 관련된 한자를 따라 써 보세요.

二					
두 이					

두 이

*부수 二

총 2획 一 二

二 두 이	重 무거울 중						

★ 두 겹. 또는 두 번 거듭되거나 겹침

二 두 이	行 다닐 행	詩 시 시			

★ 시행이 두 개인 시

✏️ 숫자와 관련된 한자를 따라 써 보세요.

三

석 삼

＊부수 一

총 3획 一 二 三

三					
석 삼					

外	三	寸			
바깥 외	석 삼	마디 촌			

⭐ 어머니의 남자 형제

三	角						
석 삼	뿔 각						

⭐ 세모, 삼각형

✏️ 숫자와 관련된 한자를 따라 써 보세요.

넉 사

四

*부수 口

총 5획 ㅣ 冂 冂 四 四

四	四				
넉 사	넉 사				
			四		
				四	

四	寸	四	寸				
넉 사	마디 촌						

⭐ 아버지나 어머니 형제의 자녀

四	方	四	方				
넉 사	모 방						

⭐ 동서남북의 네 방향

✏️ 숫자와 관련된 한자를 따라 써 보세요.

五

다섯 오

*부수 二

총 4획 一 丁 五 五

五					
다섯 오					

五	色					
다섯 오	빛 색					

⭐ 다섯 가지 색깔

五	萬					
다섯 오	일만 만					

⭐ 매우 종류가 많은 여러 가지

✏️ 숫자와 관련된 한자를 따라 써 보세요.

六				
여섯 륙(육)				

*부수 八

총 4획 　丶 一 六 六

六				
여섯 륙(육)				

六	角	形			
여섯 륙(육)	뿔 각	모양 형			

★ 여섯 개의 직선으로 둘러싸인 평면 도형

六	十						
여섯 륙(육)	열 십						

★ 십의 여섯 배가 되는 수

✏️ 숫자와 관련된 한자를 따라 써 보세요.

七

일곱 칠

＊부수 一

총 2획 一 七

七					
일곱 칠					

七	夕						
일곱 칠	저녁 석						

⭐ 음력 7월 7일. 견우와 직녀가 오작교에서 일 년에 한 번 만나는 날

北	斗	七	星			
북녘 북	말 두	일곱 칠	별 성			

⭐ 큰곰자리에서 국자 모양을 이루며 가장 뚜렷하게 보이는 일곱 개의 별

✏️ 숫자와 관련된 한자를 따라 써 보세요.

八		
여덟 팔		
*부수 八		
총 2획 ノ 八		

八	八		八		
여덟 팔	여덟 팔				
		八			
	八				

八	方	八	方				
여덟 팔	모 방						

⭐ 여러 방향. 또는 여러 방면

八	道	八	道				
여덟 팔	길 도						

⭐ 우리나라 전체를 이르는 말

✏️ 숫자와 관련된 한자를 따라 써 보세요.

九					
아홉 구					

아홉 구

*부수 乙

총 2획 乙 九

九	月				
아홉 구	달 월				

⭐ 아홉 번째 달

九	萬	里			
아홉 구	일만 만	마을 리			

⭐ 까마득하게 멀리 있음

✏️ 숫자와 관련된 한자를 따라 써 보세요.

十

열 십

＊부수 十

총 2획   一 十

十	十				
열 십	열 십				
十				十	
			十		

十	字		
열 십	글자 자	십	자

⭐ 한자 十과 같은 모양

十	年		
열 십	해 년(연)	십	년

⭐ 10년

✏️ 숫자와 관련된 한자를 따라 써 보세요.

萬 **일만 만**

＊부수 艹

총 13획 一 十 せ 节 芍 芍 苎 莒 莒 萬 萬 萬

萬					
일만 만					

萬	一				
일만 만	한 일				

⭐ 혹시 있을지도 모르는 뜻밖의 일

萬	物				
일만 만	물건 물				

⭐ 세상에 있는 모든 것

✏️ 날짜와 관련된 한자를 따라 써 보세요.

年	해 년(연)
	*부수 干
	총 6획　　丿　　⺊　　⺈　　牛　　年

年	年		年	
해 년(연)	해 년(연)			
年				
				年

新	年	新	年				
새 신	해 년(연)	신	년				

⭐ 새로 시작하는 해

少	年	少	年				
적을 소	해 년(연)	소	년				

⭐ 어린 사내아이

日					
날 일					

날 일

*부수 日

총 4획 ㅣ 冂 日 日

日					
날 일					

生	日				
날 생	날 일				

⭐ 세상에 태어난 날

來	日				
올 래(내)	날 일				

⭐ 오늘의 바로 다음 날

✏️ 요일·자연과 관련된 한자를 따라 써 보세요.

月

달 월

＊부수 月

총 4획 ㅣ 丿 刀 月 月

月	月				
달 월	달 월				
		月			
				月	月

每	月	每	月				
매양 매	달 월	매	월				

⭐ 달마다

個	月	個	月				
낱 개	달 월	개	월				

⭐ 달을 세는 단위

✏️ 요일·자연과 관련된 한자를 따라 써 보세요.

火
불 화

*부수 火

총 4획 丶 丶 丷 火

火 불 화	火				火
			火		火
火					

火 불 화	力 힘 력	火	力				

⭐ 불이 탈 때에 내는 열의 힘

火 불 화	災 재앙 재	火	災				

⭐ 불이 나는 재앙. 또는 불로 인한 재난

✏️ 요일·자연과 관련된 한자를 따라 써 보세요.

水

물 수

＊부수 水

총 4획 亅 기 자 水

水	水		水		
물 수	물 수				
		水			
	水				

生	水	生	水				
날 생	물 수	생	수				

★ 샘에서 솟아 나오는 자연 상태의 물

水	泳	水	泳				
물 수	헤엄칠 영	수	영				

★ 물속에서 헤엄침

✏️ 요일·자연과 관련된 한자를 따라 써 보세요.

木
나무 목

*부수 木

총 4획 一 十 才 木

木 나무 목					

木 나무 목	工 장인 공				

⭐ 나무를 다루어서 물건을 만드는 일

木 나무 목	手 손 수				

⭐ 나무를 다루어 집을 짓거나 가구 등을 만드는 일을 직업으로 하는 사람

✏️ 요일 · 자연과 관련된 한자를 따라 써 보세요.

金	쇠금/성씨 김
	*부수 金
	총 8획 　丿 八 入 仝 仐 令 余 金 金

金 쇠 금/성씨 김	金 쇠 금/성씨 김			
金				金
		金		

金	色	金	色				
쇠 금/성씨 김	빛 색	금	색				

⭐ 황금처럼 광택이 나는 누런색

黃	金	黃	金				
누를 황	쇠 금/성씨 김	황	금				

⭐ 누런빛의 금

✏ 요일·자연과 관련된 한자를 따라 써 보세요.

土

흙 토

＊부수 土

총 3획 一 十 土

土	土				
흙 토					
土					
	土				土

國	土	國	土				
나라 국	흙 토						

⭐ 나라의 땅

土	地	土	地				
흙 토	땅 지						

⭐ 경지나 주거지 등 사람의 생활과 활동에 이용하는 땅

✏️ 자연과 관련된 한자를 따라 써 보세요.

山		
메/산 산		
*부수 山		
총 3획	ㅣ 凵 山	

山	山				山
메/산 산	메/산 산				
			山		
山					

火	山	火	山				
불 화	메/산 산	화	산				

⭐ 땅속의 마그마와 암석, 가스 등이 지상으로 뿜어져 나온 물질이 쌓여 이루어진 산

江	山	江	山				
강 강	메/산 산	강	산				

⭐ 강과 산이라는 뜻으로, 자연의 경치를 이르는 말

✏️ 색과 관련된 한자를 따라 써 보세요.

青 | 푸를 청

＊부수 靑

총 8획　一 二 キ 主 キ 青 青 青

青					
푸를 청					
				青	
	青				

青	春		
푸를 청	봄 춘		

★ 한창 젊고 건강한 나이 또는 그런 시절을 봄철에 비유하여 이르는 말

青	少	年	
푸를 청	적을 소	해 년	

★ 청년과 소년을 아울러 이르는 말

✏️ 색과 관련된 한자를 따라 써 보세요.

白	**흰 백**
	*부수 白
	총 5획 `ㆍ ㆍ ㄅ 白 白`

白	白				白
흰 백	흰 백				
	白				
				白	

白	雪	白	雪				
흰 백	눈 설	백	설				

★ 하얀 눈

白	紙	白	紙				
흰 백	종이 지	백	지				

★ 아무것도 적지 않은 비어 있는 종이

✏️ 방향과 관련된 한자를 따라 써 보세요.

東 동녘 동

＊부수 木

총 8획   一 厂 厂 㡰 亩 申 東 東

東				
동녘 동				

東	大	門	東	大	門
동녘 동	큰 대	문 문			

⭐ 조선 시대에 지은 한양 도성의 동쪽 정문으로 우리나라 보물

東	海	東	海		
동녘 동	바다 해				

⭐ 동쪽에 있는 바다

30

✏️ 방향과 관련된 한자를 따라 써 보세요.

西

서녘 서

＊부수 襾

총 6획 一 丆 丙 西 西 西

西	西		西		
서녘 서	서녘 서				
西				西	

西	洋	西	洋				
서녘 서	큰바다 양	서	양				

⭐ 유럽과 아메리카의 여러 나라를 통틀어 이르는 말

西	山	西	山				
서녘 서	메/산 산	서	산				

⭐ 서쪽에 있는 산

✏️ 방향과 관련된 한자를 따라 써 보세요.

南

남녘 남

＊부수 十

총 9획 　一　十　十　内　内　南　南　南　南

南					
남녘 남					

南	大	門			
남녘 남	큰 대	문 문			

★ 조선 시대에 지은 한양 도성의 남쪽 정문으로 우리나라 국보. 정식 명칭은 '서울 숭례문'

南	山				
남녘 남	메/산 산				

★ 남쪽에 있는 산

✏️ 방향과 관련된 한자를 따라 써 보세요.

北 북녘 북

*부수 匕

총 5획 丿 ㅓ 丬 눠 北

北	北				北
북녘 북	북녘 북				
		北			
					北

北	韓	北	韓				
북녘 북	한국/나라 한	북	한				

★ 남북으로 분단된 대한민국의 휴전선 북쪽 지역을 가리키는 말

北	斗	七	星	北	斗	七	星
북녘 북	말 두	일곱 칠	별 성	북	두	칠	성

★ 큰곰자리에서 국자 모양을 이루며 가장 뚜렷하게 보이는 일곱 개의 별

✏️ 위치와 관련된 한자를 따라 써 보세요.

外

바깥 외

*부수 夕

총 5획 　丿　ク　夕　列　外

外
바깥 외

外 食
바깥 외 먹을 식

⭐ 집에서 직접 해 먹지 않고 밖에서 음식을 사 먹음

海 外
바다 해 바깥 외

⭐ 바다 밖이라는 뜻으로, 다른 나라를 이르는 말

34

✏️ 위치와 관련된 한자를 따라 써 보세요.

中 | 가운데 중
*부수 |
총 4획 ㅣ ㅁ ㅁ 中

中	中		中		
가운데 중	가운데 중				
				中	
	中				

中	學	生	中	學	生
가운데 중	배울 학	날 생	중	학	생

⭐ 중학교에 다니는 학생

中	心	中	心		
가운데 중	마음 심	중	심		

⭐ 중요하고 기본이 되는 부분

✏️ 크기와 관련된 한자를 따라 써 보세요.

큰 대

*부수 大

총 3획 一 ナ 大

大	大		大	
큰 대				
	大			大

大	門	大	門				
큰 대	문 문						

⭐ 집 바깥으로 통하게 하기 위해 만든 커다란 문

大	學	校	大	學	校
큰 대	배울 학	학교 교			

⭐ 고등 교육과 여러 학문 분야의 연구를 행하는 최고 교육 기관

✏️ 크기와 관련된 한자를 따라 써 보세요.

小 **작을 소**
*부수 小
총 3획 　亅 亅 小

小	小			
작을 소	작을 소			
小			小	
		小		

小	人	國	小	人	國
작을 소	사람 인	나라 국	소	인	국

⭐ 난쟁이들만 산다는 상상의 나라

小	形	小	形				
작을 소	형상 형	소	형				

⭐ 사물의 작은 형태

✏️ 가족과 관련된 한자를 따라 써 보세요.

父
아버지 부
*부수 父
총 4획 ㆍ ㅅ グ 父

父	父			
아버지 부	아버지 부			
	父		父	
				父

父	母	父	母				
아버지 부	어머니 모	부	모				

⭐ 아버지와 어머니

父	女	父	女				
아버지 부	여자 녀	부	녀				

⭐ 아버지와 딸

✏️ 가족과 관련된 한자를 따라 써 보세요.

母	어머니 모
	*부수 母
	총 5획 ㄴ ㄐ ㄐ 母 母

母	母		母		
어머니 모	어머니 모				
母			母		

學	父	母	學	父	母
배울 학	아버지 부	어머니 모	학	부	모

⭐ 학생의 보호자를 이르는 말

母	國	母	國				
어머니 모	나라 국	모	국				

⭐ 자기가 태어난 나라

✏️ 가족과 관련된 한자를 따라 써 보세요.

兄
형 형
*부수 儿
총 5획 ノ ロ ロ ワ 兄

兄					
형 형					

兄	夫					
형 형	지아비 부					

⭐ 언니의 남편을 부르는 말

親	兄	弟			
친할 친	형 형	아우 제			

⭐ 같은 부모에게서 난 형제

40

弟			

아우 제

*부수 弓

총 7획　 ` ` ` ` ` ` ` 弟 弟

弟	弟		弟	
아우 제	아우 제			
		弟		
弟				

弟	子	弟	子				
아우 제	아들 자	제	자				

★ 지식이나 덕을 갖춘 사람으로부터 가르침을 받는 사람

師	弟	師	弟				
스승 사	아우 제	사	제				

★ 스승과 제자

✏️ 사람과 관련된 한자를 따라 써 보세요.

사람 인

＊부수 人

총 2획 ノ 人

人 사람 인					

人	事		
사람 인	일 사		

★ 마주 대하거나 헤어질 때에 하는 말이나 행동

主	人	公			
주인 주	사람 인	공평할 공			

★ 중심이 되거나 주도적인 역할을 하는 사람

✏️ 사람과 관련된 한자를 따라 써 보세요.

女 여자 녀(여)

*부수 女

총 3획 く 女 女

女	女			女
여자 녀(여)	여자 녀(여)			
		女		
		女		

少	女	少	女				
적을 소	여자 녀(여)	소	녀				

⭐ 아직 완전히 성숙하지 않은 어린 여자 아이

女	子	女	子				
여자 녀(여)	아들 자	여	자				

⭐ 여성으로 태어난 사람

✏️ 사람과 관련된 한자를 따라 써 보세요.

마디 촌

*부수 寸

총 3획 一 十 寸

寸					
마디 촌					

寸	數						
마디 촌	셈 수						

⭐ 친족 사이의 멀고 가까운 정도를 나타내는 수

外	三	寸			
바깥 외	석 삼	마디 촌			

⭐ 어머니의 남자 형제

44

✏️ 사람과 관련된 한자를 따라 써 보세요.

長	긴 장
	*부수 長
	총 8획　丨 丨 丨 丨 丨 丨 長 長

長	長			長	
긴 장	긴 장				
	長				
					長

校	長	校	長				
학교 교	긴 장	교	장				

⭐ 학교의 교무를 통괄하고 교직원을 감독하는 최고의 직책

成	長	成	長				
이룰 성	긴 장	성	장				

⭐ 사람이나 동식물 따위가 자라서 점점 커짐

✏️ 사람과 관련된 한자를 따라 써 보세요.

生

날 생

*부수 生

총 5획 丿 ㇒ ㇠ 牛 生

生					
날 생					

苦	生						
쓸 고	날 생						

⭐ 어렵고 고된 일을 겪음

九	死	一	生				
아홉 구	죽을 사	한 일	날 생				

⭐ 아홉 번 죽을 뻔하다 한 번 살아난다는 뜻. 죽을 고비를 여러 차례 넘기고 겨우 살아남을 이르는 말

✏️ 사람과 관련된 한자를 따라 써 보세요.

先

먼저 선

＊부수 儿

총6획 ノ ⺗ ⺒ 生 先 先

先 먼저 선	先 먼저 선		先	
		先		
先				

先 먼저 선	生 날 생	先 生		

⭐ 학생을 가르치는 사람

先 먼저 선	後 뒤 후	先 後		

⭐ 먼저와 나중

✏️ 학교와 관련된 한자를 따라 써 보세요.

學

배울 학

＊부수 子

총 16획 　ˊ　ˊ　ˋ　ˊ　ˊ　ˊ　ˊ　ˊ　ˊ　ˊ　ˊ　學　學　學

學 배울 학					

學 배울 학	生 날 생				

⭐ 학교에 다니면서 공부하는 사람

學 배울 학	問 물을 문				

⭐ 지식을 배워서 익힘. 또는 그 지식

✏️ 학교와 관련된 한자를 따라 써 보세요.

校 학교 교
*부수 木
총 10획 一 十 十 才 木 杧 栌 栌 栌 校

校	校			
학교 교	학교 교		校	
校				校

校	門			
학교 교	문 문	교	문	

⭐ 학교의 문

校	內			
학교 교	안 내	교	내	

⭐ 학교의 안

🖊 학교와 관련된 한자를 따라 써 보세요.

教					
教 가르칠 교					

가르칠 교

*부수 攵

총 11획 ノ メ ナ 孝 孝 孝 孝 教 教 教

教 가르칠 교	**室** 집 실				

⭐ 학교에서 학습 활동이 이루어지는 방

教 가르칠 교	**科** 과목 과	**書** 글 서			

⭐ 교과 과정에 따라 주된 교재로 쓰는 책

✏️ 학교와 관련된 한자를 따라 써 보세요.

室 집 실

*부수 宀

총 9획 ` ` 宀 宀 宀 宝 宝 室 室

室	室			室	
집 실	집 실				
		室			
				室	

居	室	居	室				
살 거	집 실	거	실				

⭐ 가족이 모여서 생활하는 공간

室	內	室	內				
집 실	안 내	실	내				

⭐ 방이나 건물 따위의 안

✏️ 나라와 관련된 한자를 따라 써 보세요.

國		
나라 국		
*부수 口		
총11획 丨 冂 冂 冂 冋 冋 囻 國 國 國 國		

國					
나라 국					

國	家				
나라 국	집 가				

⭐ 일정한 영토와 거기에 사는 사람들로 구성되고, 주권에 의한 통치조직을 가진 사회집단

母	國	語			
어머니 모	나라 국	말씀 어			

⭐ 자기 나라의 말

🖉 나라와 관련된 한자를 따라 써 보세요.

韓 한국/나라 한

*부수 韋

총 17획 ` 一 十 ナ 古 古 直 卓 卓 朝 軒 軒 軒 韓 韓 韓 韓 韓

韓	韓			韓
한국/나라 한	한국/나라 한			
		韓		
韓				

大	韓	民	國	大	韓	民	國
큰 대	한국/나라 한	백성 민	나라 국	대	한	민	국

★ 우리나라 이름

韓	食	韓	食				
한국/나라 한	먹을 식	한	식				

★ 우리나라 고유의 음식이나 식사

✏️ 나라와 관련된 한자를 따라 써 보세요.

軍		

軍사 군

*부수 車

총 9획　　丿 冖 冖 冖 冒 冒 冒 軍 軍

軍	軍			軍
군사 군	군사 군			
	軍			
軍				

軍	人	軍	人				
군사 군	사람 인						

⭐ 군대에 복무하는 장교, 부사관, 병사를 통틀어 이르는 말

將	軍	將	軍				
장수 장	군사 군						

⭐ 군의 우두머리로 군을 지휘하고 통솔하는 무관

✏️ 나라와 관련된 한자를 따라 써 보세요.

民
백성 민
*부수 氏
총 5획 ㄱ ㄱ ㄲ 民 民

民 백성 민	民 백성 민			
	民			民
	民			

原 근원 원	住 살 주	民 백성 민	原	住	民
			원	주	민

⭐ 그 지역에 본디부터 살고 있는 사람들

國 나라 국	民 백성 민	國	民		
		국	민		

⭐ 국가를 구성하는 사람. 또는 그 나라의 국적을 가진 사람

✏️ 나라와 관련된 한자를 따라 써 보세요.

王

임금 왕

*부수 王

총 4획 ㄱ 丁 干 王

王					
임금 왕					
				王	
王					

王	子						
임금 왕	아들 자						

⭐ 임금의 아들

女	王						
여자 녀(여)	임금 왕						

⭐ 여자 임금

✏️ 나라와 관련된 한자를 따라 써 보세요.

門 문 문

*부수 門

총 8획 | 丨 丨' 丨『 『 『' 門 門 門

門
문 문

出 入 門
날 출 들 입 문 문

★ 드나드는 문

正 門
바를 정 문 문

★ 건물의 정면에 있는 주가 되는 출입문

教			校		
가르칠 교			학교 교		
九			國		
아홉 구			나라 국		
軍			金		
군사 군			쇠 금/성씨 김		
南			女		
남녘 남			여자 녀(여)		
年			大		
해 년(연)			큰 대		
東			六		
동녘 동			여섯 륙(육)		
萬			母		
일만 만			어머니 모		
木			門		
나무 목			문 문		

民	民		白	白	
백성 민	백성 민		흰 백	흰 백	
父	父		北	北	
아버지 부	아버지 부		북녘 북	북녘 북	
四	四		山	山	
넉 사	넉 사		메/산 산	메/산 산	
三	三		生	生	
석 삼	석 삼		날 생	날 생	
西	西		先	先	
서녘 서	서녘 서		먼저 선	먼저 선	
小	小		水	水	
작을 소	작을 소		물 수	물 수	
室	室		十	十	
집 실	집 실		열 십	열 십	
五	五		王	王	
다섯 오	다섯 오		임금 왕	임금 왕	
外	外		月	月	
바깥 외	바깥 외		달 월	달 월	

二			人		
두 이			사람 인		
一			日		
한 일			날 일		
長			弟		
긴 장			아우 제		
中			靑		
가운데 중			푸를 청		
寸			七		
마디 촌			일곱 칠		
土			八		
흙 토			여덟 팔		
學			韓		
배울 학			한국/나라 한		
兄			火		
형 형			불 화		

✎ 다음 반대의 뜻을 가진 한자들을 읽고 따라 써 보세요.

南	南			北	北		
남녘 남	남녘 남			북녘 북	북녘 북		
大	大			小	小		
큰 대	큰 대			작을 소	작을 소		
東	東			西	西		
동녘 동	동녘 동			서녘 서	서녘 서		
母	母			父	父		
어머니 모	어머니 모			아버지 부	아버지 부		
民	民			王	王		
백성 민	백성 민			임금 왕	임금 왕		
水	水			火	火		
물 수	물 수			불 화	불 화		
日	日			月	月		
날 일	날 일			달 월	달 월		
弟	弟			兄	兄		
아우 제	아우 제			형 형	형 형		
學	學			教	教		
배울 학	배울 학			가르칠 교	가르칠 교		

✏ 다음 사자성어를 읽고 따라 써 보세요.

東	西	南	北	모든 방향을 이르는 말			
동녘 동	서녘 서	남녘 남	북녘 북				
東	西	南	北	東	西	南	北

大	韓	民	國	우리나라의 이름			
큰 대	한국/나라 한	백성 민	나라 국				
大	韓	民	國	大	韓	民	國

父	母	兄	弟	아버지, 어머니, 형, 아우라는 뜻으로, 가족을 이르는 말			
아버지 부	어머니 모	형 형	아우 제				
父	母	兄	弟	父	母	兄	弟

三	三	五	五	서넛 또는 대여섯 사람이 떼를 지어 다니거나 무슨 일을 함			
석 삼	석 삼	다섯 오	다섯 오				
三	三	五	五	三	三	五	五

生	年	月	日	태어난 해와 달과 날			
날 생	해 년	달 월	날 일				
生	年	月	日	生	年	月	日
날 생	해 년	달 월	날 일	생	년	월	일

十	中	八	九	열에 여덟이나 아홉. 거의 대부분을 뜻함			
열 십	가운데 중	여덟 팔	아홉 구				
十	中	八	九	十	中	八	九
열 십	가운데 중	여덟 팔	아홉 구	십	중	팔	구

國	民	年	金	노령·장애·사망 따위로 소득 획득 능력이 없어졌을 때 국가가 생활 보장을 위하여 정기적으로 지급하는 금액			
나라 국	백성 민	해 년(연)	쇠 금				
國	民	年	金	國	民	年	金
나라 국	백성 민	해 년(연)	쇠 금	국	민	연	금

家	間	江	車	空	工	記	氣	男	內
집 가	사이 간	강 강	수레 거/차	빌 공	장인 공	기록할 기	기운 기	사내 남	안 내
農	答	道	動	力	立	每	名	物	方
농사 농	대답 답	길 도	움직일 동	힘 력(역)	설 립(입)	매양 매	이름 명	물건 물	모 방
不	事	上	姓	世	手	時	市	食	安
아닐 불(부)	일 사	윗 상	성 성	인간 세	손 수	때 시	저자 시	밥/먹을 식	편안 안
午	右	自	子	場	電	前	全	正	足
낮 오	오른 우	스스로 자	아들 자	마당 장	번개 전	앞 전	온전 전	바를 정	발 족
左	直	平	下	漢	海	話	活	孝	後
왼 좌	곧을 직	평평할 평	아래 하	한수/한나라 한	바다 해	말씀 화	살 활	효도 효	뒤 후